Sicher ist sicher. Bei aller Sorgfalt, die wir in der Recherche haben walten lassen, können sich Öffnungszeiten auch einmal kurzfristig ändern, oder ein Lokal ist gerade an Ihrem perfekten Amsterdam-Wochenende ausgebucht oder geschlossen. Darum empfehlen wir, grundsätzlich möglichst weit im Voraus zu reservieren. Ein kurzer Anruf genügt und Sie können sicher sein, zur vereinbarten Zeit einen Platz zu finden.

© Süddeutsche Zeitung GmbH, München
für die Süddeutsche Zeitung Edition
in Kooperation mit smart-travelling print UG, Berlin
Reihe „Eine perfekte Woche ..."

Konzept und Redaktion: Nicola Bramigk, Nancy Bachmann
Projektleitung: Sabine Sternagel
Produktmanagement: Jasmin Seitner
Texte: Nancy Bachmann, Nicola Bramigk, Sabine Mergener
Fotos: Nicola Bramigk
Gestaltung und Illustration: Verena Bettin, Jünger + Michel
Herstellung: Thekla Licht, Hermann Weixler
Druck und Bindung: optimal media GmbH, Röbel/Müritz
ISBN: 978-3-86615-496-4

9. aktualisierte Auflage, 2017

SMART
TRAVELLING

AMSTERDAM – HÄLT ALLE VERSPRECHEN

Hochherrschaftliche, giebelgeschmückte Patrizierfassaden, idyllische Grachtenlandschaften und jahrhundertealte Historie auf der einen Seite, topmodernes Design, futuristische Architekturprojekte und trendige Gastronomiekonzepte auf der anderen Seite. Die unvergleichliche Handlichkeit dieser weltoffenen Kunst- und Kulturmetropole macht es möglich, mit wenig logistischem Aufwand die alten und neueren Meister zu bewundern und wenig später, nachdem die letzte innovative Design-Vision bestaunt wurde, in einem angesagten Restaurant mit interessanten Menschen gut zu essen. Hier ist eigentlich alles möglich, nur keine Langeweile und Spießbürgerlichkeit – und das auf vergleichsweise engem Raum. Die Amsterdamer machen einen ausgesprochen gelassen intellektuellen Eindruck und zeigen sich sehr offen für alles Neue. Das vermutlich Einzige, womit man sie wirklich aus der Ruhe bringen kann, ist, wenn sie durch unkoordiniertes Betreten der Radwege ihre Fahrradbremse betätigen müssen. Genießen Sie die Leichtigkeit der Stadt, die augenzwinkernde Coolness ihrer Bewohner, die noble Erhabenheit der alten Bauwerke und die unkonventionelle, fröhlich entspannte Atmosphäre.

THE HOXTON

Unser Motto „Einmal im Leben alles richtig machen" – dafür kann das Hoxton in jeder Hinsicht ein Beispiel sein. Wir haben uns in dieses Hotel verliebt. Die Lage mit Eingang zur Lobby ist herrlich zentral an der Prinsengracht. Die Flure sind zuweilen verwinkelt und über mehrere Ebenen verteilt – ein gemütliches Labyrinth. Die Zimmer sind nicht immer groß, doch alle sind gut eingerichtet. Man fühlt sich sofort rundherum wohl. Dabei helfen die wertigen Materialien und besondere Details – mit einem kleinen Zwinkern – wie der Kofferständer, der auch Möglichkeiten zum Aufhängen hat. Wer braucht heute noch muffige Schränke.
Oder die eingebauten Bäder mit Milchglaswänden – einfach nur cool. Und wo wir beim Thema sind, in Sachen Coolness ist der Lobbybereich kaum zu überbieten. Die Menschen an der Lobby, die zugewandt und nicht aufgesetzt sind, das Restaurant, das einfach die richtige Küche anbietet und lässig präsentiert oder der Lounge-Bereich, der quasi als Co-Working Space genutzt werden kann mit seinen Sofas und Sesseln.
Und dabei ist die Atmosphäre so wundervoll entspannt und unaufgeregt, dass bei der ganzen Hipness das Wichtigste nicht vergessen wird: Einfach gute Gastgeber zu sein. Wir wollten gar nicht wieder abreisen.

1 The Hoxton Adresse: Herengracht 255 Tel: 0031 (0) 20 888 5555
Internet: www.thehoxton.com Preise: DZ ab 125 – 290 Euro

☞ Hoxton Brasserie

Wer nicht in dem schönen Hotel The Hoxton Amsterdam wohnen kann, könnte aber in der Brasserie essen und das lebendigste Hotel in den Grachten genießen. Besonders schön ist der überdachte Innenhof, der vor allem mittags zum Lunch oder zum Frühstück ein tolles Licht hat und besonders freundlich wirkt.
Die Karte weist zahlreiche Lieblingsgerichte und Klassiker auf und alles ist auf den Punkt gut abgeschmeckt. Auch abends ist die Brasserie immer eine perfekte Wahl.

☞ Hoxton Bar

Hier ist jeden Abend richtig etwas los, als ob es in Amsterdam keine anderen Bars gäbe. Und tatsächlich ist diese Art der Hotelbar im Vergleich zu anderen Städten nicht leicht zu finden.

Ein wild gemischtes Publikum, ein leidenschaftlicher, sehr junger Barkeeper und eine lockere Atmosphäre – was braucht es mehr? Einen freien Sessel in der gemütlichen Lounge, die übrigens auch als Coworking-Ort am Tage perfekt ist.

☞ Stout & Co

Meet the locals – nein! Meet the architects! Wüssten wir es nicht, man hätte es sofort erkannt: Das Stout & Co B & B wird betrieben von einem Architekturbüro, das sich, wie die 6 Apartments, im gleichen Haus befindet. Mittendrin im Amsterdamer Leben – im Norden, in einem der neuen Trend-Wohnviertel. Die einzelnen Apartments haben alle ihre eigene Grundfarbe und sind wie kleine Wohneinheiten kompakt auf den Punkt gebracht: am Eingang ein Esstisch, dahinter die Küche, in der Mitte ein Bad und am Ende unter dem Fenster das Bett. Architekten lieben Designklassiker, daher trifft man hier auf alte Bekannte wie Eames-Stühle kombiniert mit schönen Materialien für die Bäder und Böden. Das Frühstück wird im straighten Besprechungsraum des Architekturbüros serviert.

Adresse: Hoogte Kadijk 71
Tel: 0031 (0) 20 2209071, Internet: www.stout-co.com
Preise: DZ ab 120 Euro

☞ Hotel V Nesplein

Der Lobbybereich ist schön und herrlich lebendig. Vor der Rezeption kann man in Sofas und Sesseln entspannen und man langweilt sich nicht, denn es gibt genug zu beobachten. Der riesengroße Lüster – gedacht als Reminiszenz an das Theater, das hier früher einmal war – schafft eine gute Grandezza. Zur anderen Seite gibt es ein Restaurant, das nicht nur von Hotelgästen frequentiert wird, sondern auch von externen Gästen – ergänzt durch eine Bar.

Die Zimmer sind geräumig und mit einem Anspruch auf Design, dennoch wirken sie leicht unpersönlich, was an der Haptik der Materialien liegen mag. Die Lage und die Lebendigkeit im Erdgeschoss mitten in der Innenstadt sprechen für das Hotel V, das gerade für Alleinreisende ideal ist.

Adresse: Nes 49
Tel: 0031 (0) 20 6623233, Internet: www.hotelvnesplein.nl
Preise: DZ ab 150 Euro

THECOLLEGEHOTEL

THE COLLEGE HOTEL

Das ehemalige Schulgebäude aus dem Ende des 19. Jahrhunderts liegt einige Minuten vom Vondelpark entfernt in einer der teuren Wohngegenden Amsterdams. Das imposante Gebäude besticht nicht nur durch ein stilvolles Interieur mit wunderschönen edlen Stoffen und unzähligen stimmigen Details, sondern auch durch ein besonderes Konzept. Hier werden Hotelfachschüler ausgebildet, die unterstützt von Profis bemüht und gerne auch noch etwas unbeholfen überall sichtbar ihre Arbeiten verrichten. Vielleicht trägt das auch mit zu der auffällig lebendigen Atmosphäre bei, die sich von der geselligen Bar bis in das Restaurant zieht. Anscheinend haben alle Amsterdamer die Lounge zu ihrer Lieblingsbar erklärt. Dazwischen trinken Models nach ihrem Job noch einen Kaffee, Medien- und Geschäftsleute besprechen sich hier unter vier Augen und anspruchsvolle Gourmets treffen in dem freundlichen Speisesaal zum Lunch zusammen – und mit etwas Glück läuft ein Schüler mit dem Staubsauger in der Hand im völlig falschen Moment mittendurch. Aber genau das macht das College so liebenswert.

2 The College Hotel Adresse: Roelof Hartstraat 1
Tel: 0031 (0) 20 5711511 Internet: www.thecollegehotel.com
Preise: DZ ab 149 Euro, Frühstück 19,50 Euro

☞ Essen im College Hotel

Die ehemalige Sporthalle ist zu einem modernen, eleganten Restaurant umgebaut worden. Einzige verspielte Details sind kleine Troddeln an Tischen und Lampen. Serviert wird auf Zwiebelmuster, was wunderbar in die klare Umgebung passt. Die Küche ist modern mit Blick auf holländische Tradition und saisonales Angebot. Gemütlich in flauschigen Sesseln sitzend, können Sie die Schüler beim Werkeln in der Küche beobachten und sollten Sie zu schnell sein beim Lunch, könnten Sie die kleine Bügelgruppe verpassen, die schon anfängt, sorgfältig die hinteren Tische für den Abend einzudecken. Das wäre schade.

Öffnungszeiten: Montag – Freitag 7.00 – 10.00 Uhr und 12.00 – 14.00 Uhr,
Samstag und Sonntag 7.00 – 10.30 Uhr und 12.30 – 14.30 Uhr,
Montag – Sonntag 18.00 – 22.00 Uhr

☛ Lloyd Hotel

Das schicke Designhotel im angesagten östlichen Hafengebiet vereint alle Preis-
und Komfort-Kategorien unter einem Dach. Renommierte holländische Designer
und Architekten, darunter Marcel Wanders, Piet Hein Eek und Hella Jongerius,
haben das beeindruckende alte Backsteingebäude, das einst ein Gefängnis war,
neu gestaltet. Außergewöhnlich ist auch das weit nach oben offene und lichtdurchflutete Restaurant mit Lounge, ein beliebter Treffpunkt für Kreative und
Kunstinteressierte.

Adresse: Oostelijke Handelskade 34
Tel: 0031 (0) 20 5613636
Internet: www.lloydhotel.com
Preise: DZ 1–5 Sterne-Kategorien, 80–450 Euro, Frühstücksbuffet 17,50 Euro

Hotel de Goudfazant

HOTEL DE GOUDFAZANT

Wer Lust hat, ein anderes Amsterdam zu erleben, der sollte den Norden erkunden. Direkt am Wasser, in alten Industriegeländen entsteht dabei eine sehr coole Gegend – Kreative mit ihren Companies und dazu gleich die passenden Restaurants. Das hallenähnliche Gebäude enthält an allen Ecken und Enden noch Reminiszenzen an eine Autowerkstatt. Der alte Citroën auf einer Hebebühne, ein Rolls in der Ecke, alles sehr lässig und nicht aufgesetzt, sondern gelebt. Auch der völlig überdimensionierte Lüster, der im totalen Gegensatz zu dem sonstigen Industrial-Style steht, hat Klasse. Überhaupt sind Brüche hier die Zauberformel: die schönen weißen Tischdecken und die sehr simplen roten Kongress-Stühle – zusammen ergibt das diesen gemütlichen, lässigen Twist.

Die Küche ist ein weltlicher Mix aus allem, was Kosmopoliten gerne mögen, in normalen Portionen und ohne Chichi auf den Punkt gut gekocht.

Die Amsterdamer Kunstszene liebte das Restaurant vom ersten Tag an und der Andrang ist so groß, dass es fast unmöglich ist, einen Tisch zu reservieren. Man sollte definitiv das ausgesprochen freundliche Personal interviewen, sie haben eine eigene Meinung, die Essensempfehlungen waren goldrichtig. Das Goudfazant ist ein Smart-travelling-Lieblingsort.

3 Hotel De Goudfazant Adresse: Aambeeldstraat 10
Tel: 0031 (0) 20 6365170 Internet: www.hoteldegoudfazant.nl
Öffnungszeiten: Montag geschlossen, Dienstag – Sonntag ab 18.00 Uhr

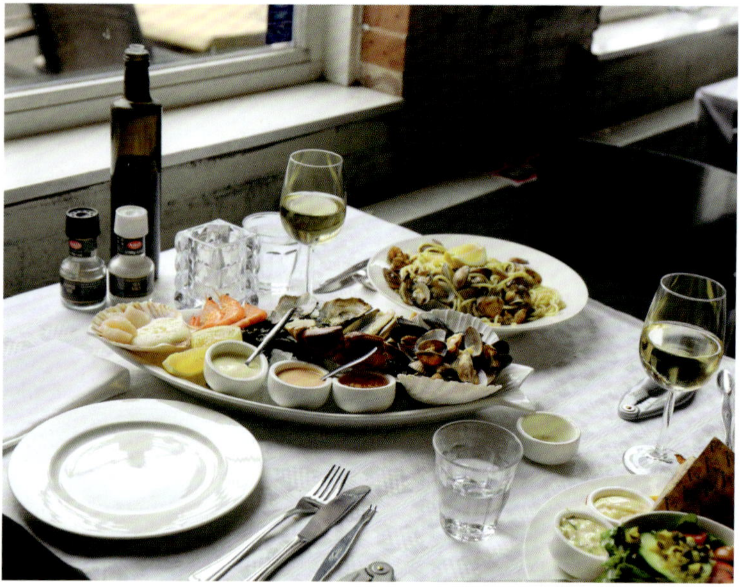

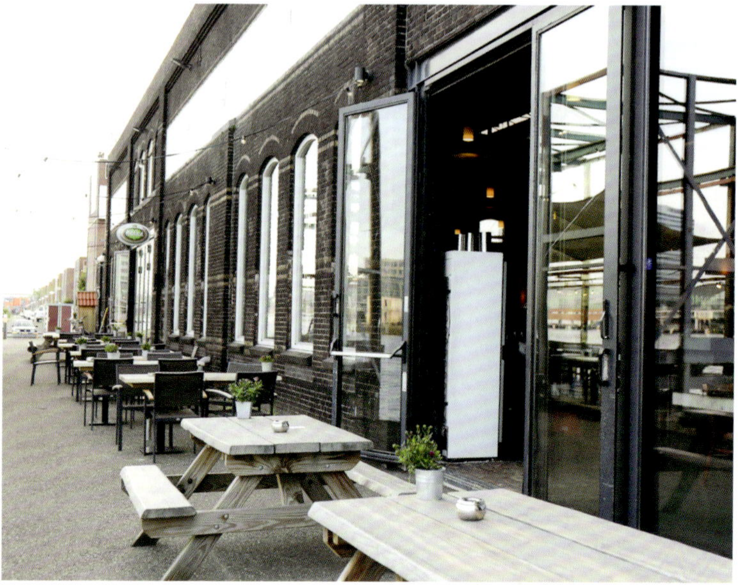

☞ Stork

Das Fischrestaurant ist in einer ehemaligen Fabrik am Dock untergebracht – und hat sich deren Industriecharme bewahrt: raue Böden, Stahlträger unter der Decke, und durch die riesigen Fenster blickt man auf den Kanal. Zum Businesslunch oder nach der Arbeit sitzen hier Kreative auf der Terrasse am Wasser oder in der lichten Halle, die trotz ihrer über 300 Plätze sehr cosy ist. Es gibt Fischsuppe, Matjes, geräucherte Makrele oder Hummer mit grünem Salat. Der Klassiker ist aber die Meeresfrüchteplatte für ein Dinner zu zweit mit Austern, Venus-, Herz- und Jakobsmuscheln. Ist man hier ungünstigerweise kein Fischfreund, gibt es auch Fleisch- und ausgesuchte vegetarische Gerichte. Hier kommt man vor allem der Atmosphäre wegen her.

Adresse: Gedempt Hamerkanaal 201
Tel: 00 31 (0) 20 6344000, Internet: www.restaurantstork.nl
Öffnungszeiten: Täglich 11.00 – 23.30 Uhr

Soep v/d Dag

Bospaddestoel

Antipasto Vis

Gamba's en kokkels uit de
oven met tomaat en broodkruim

Culinary Artistry

FR. PEKELHAARING
CAFÉ RESTAURANT

PEKELHAARING

Im Pekelhaaring geht es lässig zu. Den ganzen Tag werden hier aus der offenen Küche italienisch inspirierte Gerichte wie frittierte Sardellen, Aranchini, Saf-ran-Risotto-Bällchen oder selbst gemachte Salsiccia mit Fenchel und Muscheln serviert. Es ist das Erfolgskonzept der beiden Brüder Lennard und Matthias van der Nagel, die nach zusammen 40 Jahren Gastronomie- und Catering-Erfahrung 2008 ihr eigenes Restaurant eröffnet haben, nordisch schlicht mit handverlese-nen Vintage-Möbeln aus den 60er-Jahren eingerichtet.

Das Pekelhaaring ist für die Brüder eine Hommage an ehrliche, einfache Küche mit Lieblingsgerichten aus allen Teilen Italiens, wie Porchetta aus der Toskana, Bollito Misto aus dem Piemont und ausgewählten Pasta-Speisen – aber auch eine bretonische Fischsuppe findet man auf der Karte. Das Beste ist, dass man sich bei einem Besuch nicht an klassische Lunch- und Dinner-Zeiten halten muss, sondern essen kann, wann man Lust hat.

Besonders schön ist die Stimmung am frühen Abend, wenn es im Pekelhaaring etwas ruhiger zugeht und durch die meterhohen Fenster das bunte Treiben im Pijp-Viertel vorbeizieht.

4 Pekelhaaring Adresse: Van Woustraat 127–129
Tel: 0031 (0) 20 6790460 Internet: www.pekelhaaring.nl
Öffnungszeiten: Täglich 10.00–24.00 Uhr

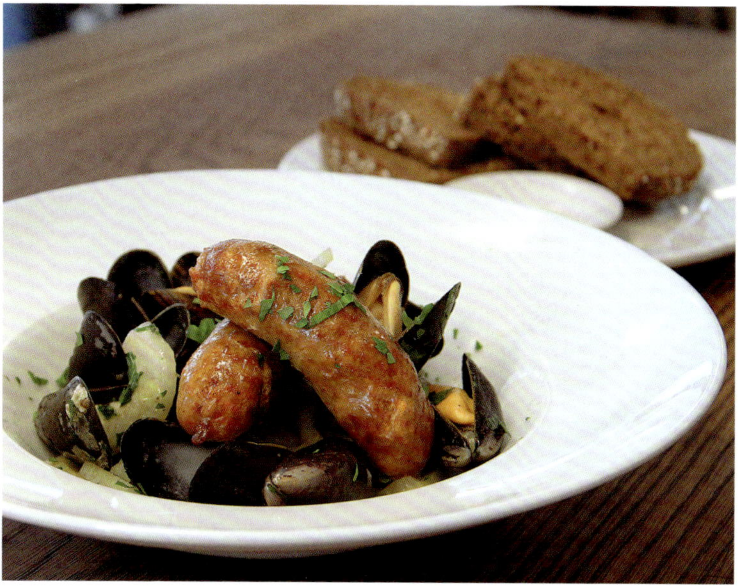

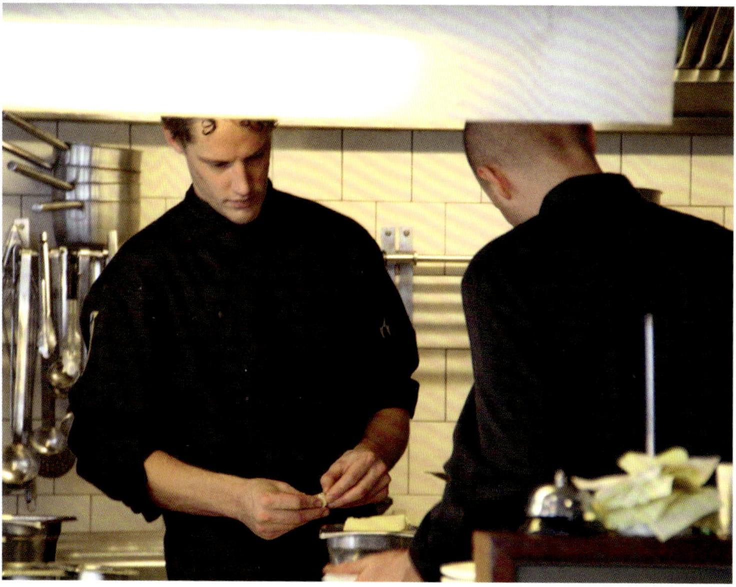

☞ Rijsel

Das Rijsel hat sich komplett der französischen Küche verschrieben und ist stadt-
bekannt für seine Backhähnchen. Ansonsten gibt es eine ständig wechselnde
Karte, die klein und ausgesucht ist. Die Macher Iwan Driessen und Pieter Smits
vertrauen auf ihre Idee von einem guten Restaurant und der durchschlagende
Erfolg gibt ihnen nur recht. Das Restaurant ist so stark – besonders von Locals –
besucht, dass man sich den Luxus gönnt, sonntags einfach zu schließen.
Das Rijsel ist extrem quirlig, lebendig-laut und einladend, daher sollten Sie definitiv reservieren, was bei Lieblingsorten immer wichtig ist.

Adresse: Marcusstraat 52B
Tel: 0031 (0) 20 463 2142
Internet: www.rijsel.com
Öffnungszeiten: Montag – Samstag ab 18.00 Uhr, Sonntag geschlossen

RESTAURANT DE KAS

RESTAURANT DE KAS

Eingebettet in Kräuterbeete und kleine Gemüseplantagen mitten in einer sehr lichten Parkanlage liegt das umgebaute Gewächshaus des Küchenchefs Gert Jan Hagemann. In dem acht Meter hohen Gebäude sitzen Sie auf bequemen Sesseln; tagsüber unter herrlich lichtdurchflutetem Glas, mit Blick in den Himmel, auf die Kräuter und Feigenbäume oder in die offene Küche. Dort wird das Gemüse, das vor zwei Stunden noch tief in der Erde gesessen hat und eben gerade vom Farmer angeliefert wurde, sorgfältig und mit Leidenschaft verarbeitet. Abends ist die Stimmung durch die angenehm warme Beleuchtung fast romantisch. Serviert wird immer ein Hauptgericht, mittags meist Fisch, und drei Vorspeisen, die entweder hintereinander oder gleichzeitig gereicht werden. Basis ist die absolut frische Ernte des Tages, die immer wieder neu und fantasievoll interpretiert wird. Alle essen das Gleiche – es herrscht eine ruhige, entspannte Atmosphäre, obwohl in der Küche emsig hantiert wird und das Restaurant wie immer voll ist. Das De Kas zieht ein sympathisches, anspruchsvolles, oft internationales Publikum an und ist an den Wochenenden meist ausgebucht, es empfiehlt sich daher zu reservieren.

5 Restaurant De Kas Adresse: Kamerlingh Onneslaan 3
Tel: 0031 (0) 20 4624562 Internet: www.restaurantdekas.nl
Öffnungszeiten: Montag–Freitag 12.00–14.00 Uhr, Montag–Samstag 18.30–22.00 Uhr, Sonntag geschlossen

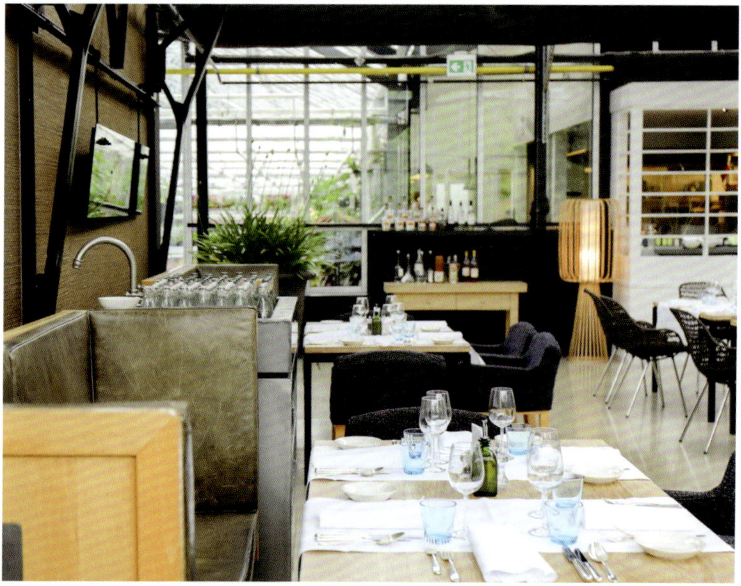

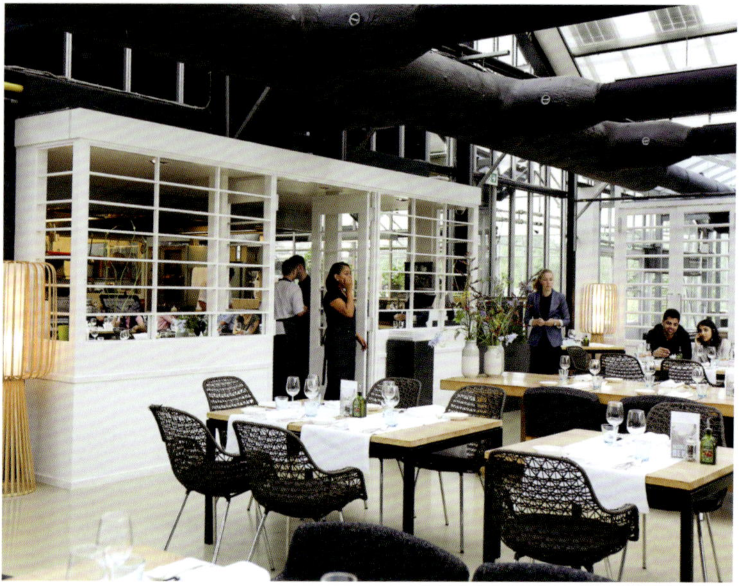

snÿbiet

Piccalilly

Für 8 Personen

Das Gemüse wird in ganz kleine Stückchen geschnitten. Dann macht man aus allen Zutaten für die Sauce eine Mischung und lässt diese etwa 5 Minuten köcheln. Als Nächstes kommt das Gemüse dazu, das wird, wenn es einmal aufgekocht ist, in ein Weckglas gegossen und für 10 Minuten mit geschlossenem Deckel im Ofen erhitzt. Danach lässt man alles abkühlen und isst das Piccalilly mit Dosenschwarzbrot und gesalzener Butter.

Für die Sauce:
5 g Kurkuma
40 g Senfpulver
40 g Senfsaat
10 g Curry
20 g geriebener Ingwer
20 g geriebene rote Chilischote
20 g Salz
75 g Zucker
2 dl Apfelessig
1 dl Wasser
50 g Mehl

Für das Gemüse:
300 g Zwiebel
400 g Blumenkohlröschen
300 g geschälte Gurke
300 g Stangensellerie
300 g Karotten
200 g Kürbis
100 g geröstete rote Paprika

RESTAURANT AS

Der Weg lohnt sich. Die Location ist einfach spektakulär, eine Kapelle, die 1962 vom Architekten Peter Lau entworfen wurde. Ein schöner Lichteinfall, geschliffener Beton und viele weite Fluchten sowie gemütliche Nischen, in denen lange Holztische stehen. Vor dem Gebäude gibt es eine Terrasse mit groben Holztischen, direkt anschließend daran ist die offene Küche. Laut dem Besitzer lässt es sich hier auch im Winter wunderbar kochen – höchstens ein Pullover zusätzlich, dann passt es.

Das Essen ist organic und es wird mit lokalen Produkten gekocht. Auf der Webseite kann man von der Vision lesen, dass ein Organismus stirbt, um einem anderen Leben zu schenken. Diesen Geist kann man in allem spüren: In der besonderen Form der Präsentation der Gerichte, in der Komposition der Zutaten und daran, wie der Service mit den Gästen umgeht. Natürlich gibt es eine der Saison angepasste Karte. Wer sich vorher informieren möchte, findet das aktuelle Menü immer auf der Webseite.

Zum Lunch gibt es wahlweise Salat, Fisch, Pasta oder Fleisch, die einzelnen Gerichte kosten zwischen 12 und 22 Euro, zum Dinner ein Menü von 3 bis 5 Gängen zwischen 40 und 59 Euro. Wer zum Restaurant kommen will, muss durch einen Park, der für Autos verboten ist. Passend zu Amsterdam sollte man also mit dem Fahrrad „anreisen".

6 Restaurant AS Adresse: Pr. Irenestraat 19 Tel: 0031 (0) 20 6440100
Internet: www.restaurantas.nl Öffnungszeiten: Dienstag – Sonntag 12.00 – 24.00 Uhr, Montag 18.00 – 24.00 Uhr

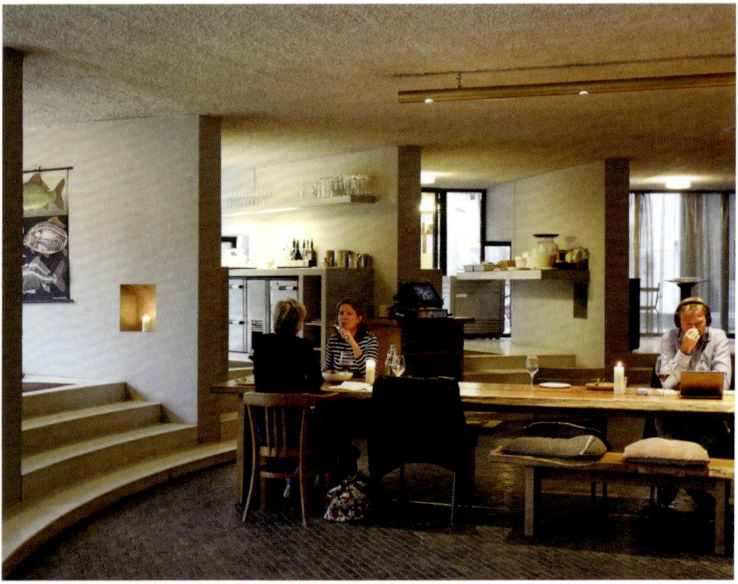

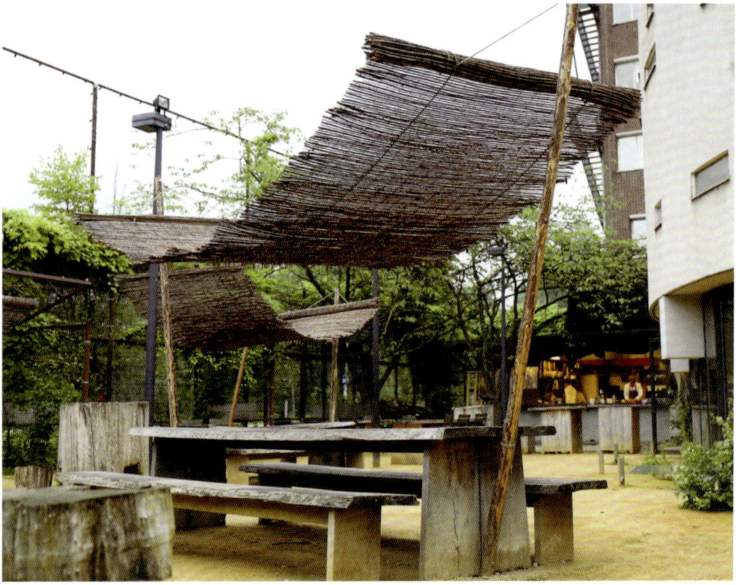

CAFÉ RESTAURANT AMSTERDAM

Das lichtdurchflutete, geräumige Café Restaurant Amsterdam ist ein Amsterdamer Lieblingsort in der Westerpark-Gegend. In der ehemaligen Pumpstation wurde von 1900 bis Mitte der 90er-Jahre Wasser aus den Dünen nach Amsterdam gepumpt. Seit 1996 ist die behutsam renovierte historische Halle ein beliebter Treffpunkt der Nachbarschaft. Kreative, die in der Gegend ihre Studios haben, verabreden sich hier zum Lunch und am Wochenende mischen sich auch noch Familien darunter.

Im Industrie-Chic-Ambiente sitzen Sie an einfachen Holztischen mit weißen Tischtüchern und im hinteren Teil des Raumes erinnert einer der historischen Dieselmotoren an die Wurzeln des Ortes.

Als Reisender ist man hier sehr gut aufgehoben, denn Platz gibt es genug und die Küche ist durchgehend geöffnet. Das Menü ist holländisch-französisch mit beliebten Klassikern wie Sandwich mit Old Amsterdamer, Kroketten, Hering oder Rib-Eye mit Bernaise. Lieben Sie Sticky Toffee Cake, sollten Sie unbedingt noch etwas Platz für das Dessert lassen.

7 Café Restaurant Amsterdam Adresse: Watertorenplein 6
Tel: 0031 (0) 20 6822666 Internet: www.cradam.nl
Öffnungszeiten: Täglich 10.30 – 24.00 Uhr, Freitag und Samstag bis 1.00 Uhr

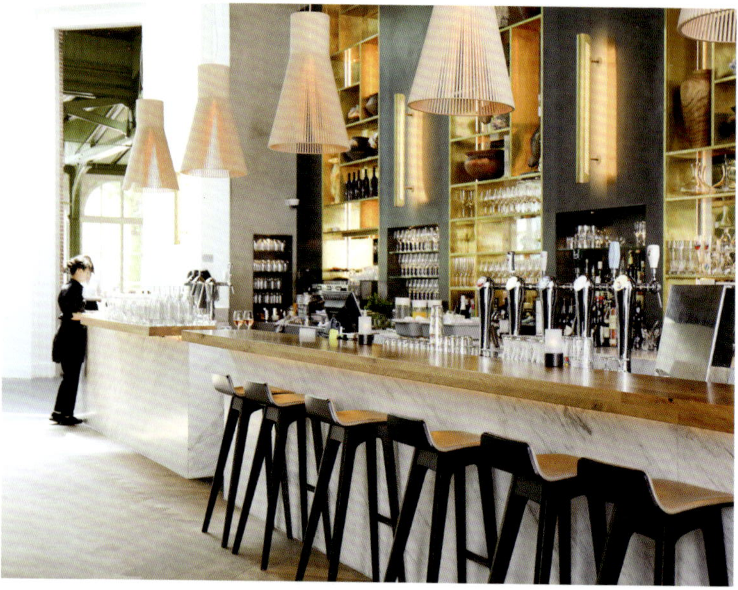

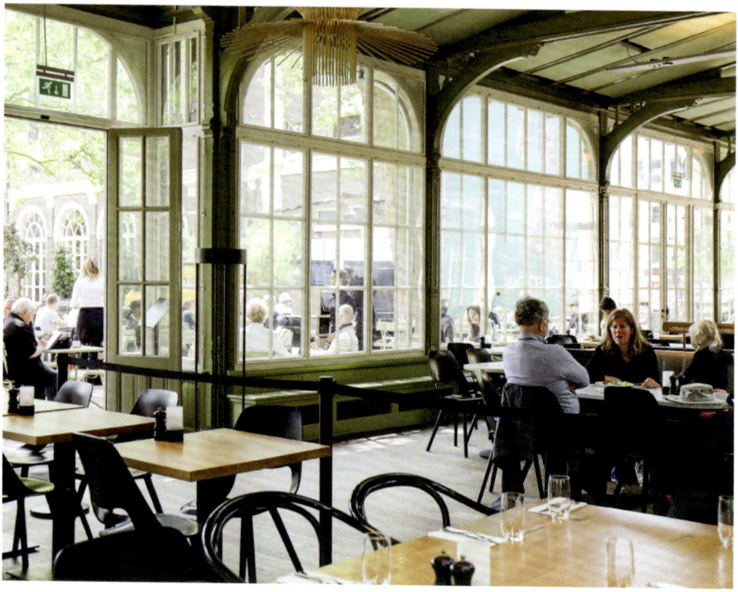

☞ Café de Plantage

Neben dem Amsterdamer Zoo liegt eine wundervolle Oase für stilvolles Ent-
schleunigen. In einem alten Ziegelbau mit vorgelagertem Wintergarten aus gi-
gantischen Fenstern hat man den Eindruck, inmitten einer übergroßen Voliere
zu sitzen. Das Interieur besteht aus klassischen Tischen mit weißen Tischdecken
und Kellnern in langen Schürzen. Es ist der ideale Ort um in Ruhe zu arbeiten
oder sich auf ein längeres Gespräch zu treffen. Dazu bekommt man ein gutes
Frühstück, Suppen und Salate oder auch ein feines Dinner am Abend mit einer
guten Flasche Wein.

Adresse: Plantage Kerklaan 36
Tel: 0031 (0) 20 7606800, Internet: www.caferestaurantdeplantage.nl
Öffnungszeiten: Montag – Freitag 9.00 – 1.00 Uhr, Samstag und Sonntag
10.00 – 1.00 Uhr

☛ De Oesterbar

Ralph Woerde, der Betreiber des Oud-Zuid, hat sich vor einiger Zeit der traditions-
reichen Austernbar angenommen und das schöne alte Fischrestaurant mit viel
Liebe zu den netten alten Details renoviert. Man kann sich nicht vorstellen, wenn
man auf dem quirligen Leidseplein steht, in welch wohltuend ruhiger und ge-
pflegter Atmosphäre man hier Fisch und frische Austern genießen kann.

Adresse: Leidseplein 10
Tel: 0031 (0) 20 6232988
Internet: www.oesterbar.nl
Öffnungszeiten: Täglich 12.00 – 23.00 Uhr

BUFFET VAN ODETTE

An einem Sonntagmorgen gibt es kaum einen schöneren und entspannteren Ort zum Frühstücken und Kaffeetrinken als bei Odette an der Prinsengracht, egal ob man auf der Terrasse mit Blick auf das Wasser sitzt oder an einem der Holztische inmitten des lebendigen Café-Treibens. Odette Rigterink treibt von jeher eine tiefe Leidenschaft für gutes Essen um. Dabei verwendet sie nur Bio-Produkte und macht sogar die Mayonnaise für ihre Sandwiches selbst. Das köstliche dunkle Brot bezieht sie von der Bäckerei Hartog, die sich auf Vollkornprodukte spezialisiert hat, und ihr Apfelkuchen wird von der Tartekaamer geliefert. Es ist das reinste Glück, in diesem freundlich hellen Café mit einem Mund voll Sticky Toffee Cake auf die Gracht hinausschauen zu können und den weiteren Freuden des Tages entgegenzusehen.
Sollten Sie sich nur schwer von diesem Ort trennen können, kommen Sie einfach am Abend wieder auf einen Aperitiv, reservieren Sie einen Platz an der Bar und genießen Sie ausgesuchte Käse und Pâtés zu biologischen Weinen.

8 Buffet van Odette Adresse: Prinsengracht 598
Tel: 0031 (0) 20 4236034 Internet: www.buffet-amsterdam.nl
Öffnungszeiten: Täglich von 12.00 – 24.00 Uhr

Sticky Toffee Cake

Für 8 Personen

Die entkernten und zerkleinerten Datteln werden in 100 ml Wasser eingeweicht, kurz aufgekocht und dann vom Feuer genommen. Mehl, Zucker, die geschmolzene Butter, Eier und der Vanillezucker werden zusammengerührt. Die kurz gekochten Datteln werden mit einem Teelöffel Sodakarbonat gut vermischt. Dann wird beides zusammengemischt und in einer gefetteten Springform für 45 Minuten bei 180°C gebacken.

Für die Sauce werden die Butter und der dunkle Zucker etwa 10–15 Minuten auf schwacher Flamme erhitzt. Danach wird die Schlagsahne zugefügt und für weitere 15 Minuten mit wenig Hitze auf dem Herd so lange gerührt, bis der Zucker sich aufgelöst hat und alles vermischt ist. Die abgekühlte Sauce wird dann zur Hälfte über den kühlen Toffee Cake gegeben. Einen Rest Sauce sollte man für kurz vor dem Verzehr aufbewahren.

200 g entkernte Datteln
170 g Mehl
170 g dunkler Zucker
85 g geschmolzene Butter
2 Eier
1 TL Sodakarbonat (Natron)
1 TL Vanillezucker

Für die Sauce:
140 g dunkler Zucker
100 g Butter
140 ml Schlagsahne

Wichtig: Der ganz dunkle Zucker ist sehr schwer zu bekommen – geschmacklich steht der hellere Demerara-Rohrzucker dem dunklen in nichts nach, der Kuchen wird nur etwas heller.

☞ Pluk Café

Hier geht es einzig und allein um gesundes Essen und Genuss. Iris, die Ladenbe-
sitzerin, bietet Dinge an, die glücklich machen: gesundes Food und ein mit Liebe
ausgewähltes Interieur-Design. Einmal eingetreten wird man von Blumen, Holzkis-
ten voller saisonalem Obst und Gemüse und glücklichen Gästen begrüßt. All die
schönen Wohnaccessoires, wie Geschirrtücher, Kerzenständer und Kochbücher,
kann man direkt im Laden kaufen. Zu Essen gibt es Salate, Sandwiches, Suppen,
Kuchen und dazu allerlei gesunde Drinks. Das Pluk ist schon ein Mädchentraum!

Adresse: Reestraat 19
Tel: 0031 (0) 20 3635977, Internet: www.facebook.com/plukamsterdam19
Öffnungszeiten: Täglich 9.00 – 18.00 Uhr

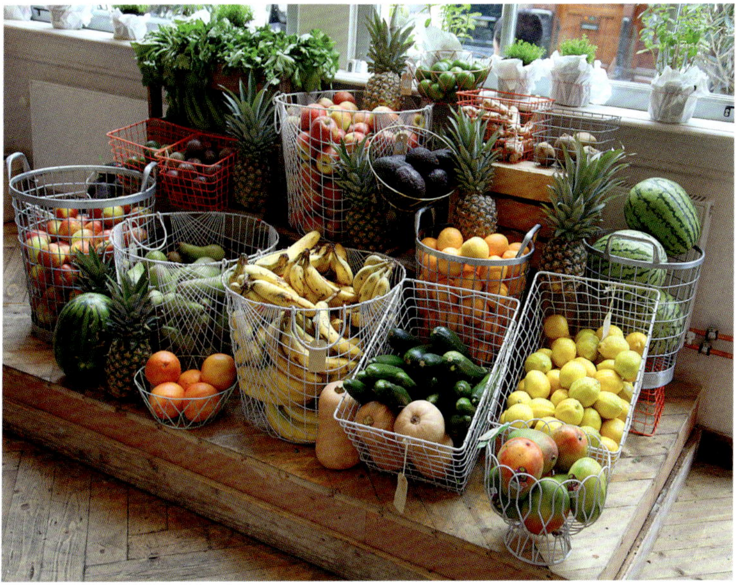

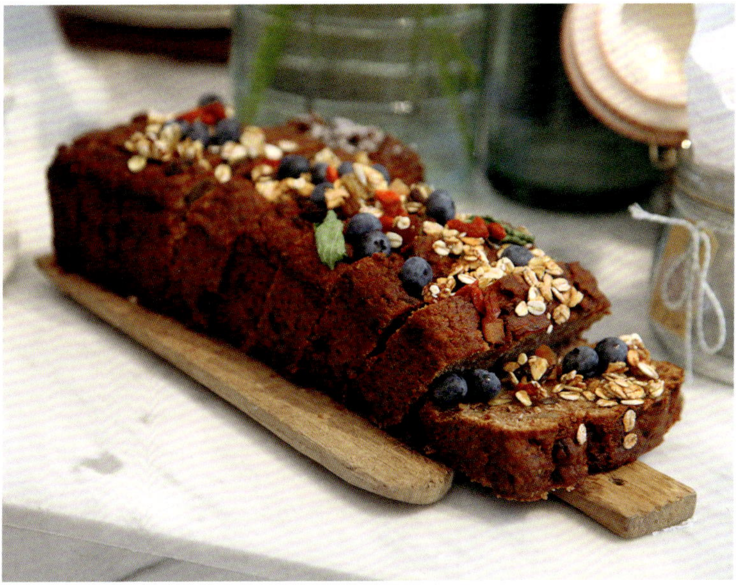

☞ Lot Sixty One

Der absolute Hingucker des Cafés ist die extrem schöne Espressomaschine, die durch reichlich Patina auf der langen Holztheke hervorsticht. Lot Sixty One ist eines dieser Cafés, in denen man Tage verbringen möchte, um Zeitung und Bücher zu lesen, Freunde zu treffen und Leute zu beobachten. Die Besitzer sind Barista aus Vision und Liebe, sie zelebrieren ihren Kaffee. Im oberen Stockwerk wird Kaffee getrunken und im Untergeschoss der eigene Kaffee geröstet. Die Bohnen, wie zum Beispiel die Sorte „Finca Himalaya" oder „El Salvador", können auch vor Ort gekauft werden.

Adresse: Kinkerstraat 112
Tel: 0031 (0) 20 616054227, Internet: www.lotsixtyonecoffee.com
Öffnungszeiten: Montag – Freitag 8.00 – 18.00 Uhr, Samstag 9.00 – 18.00 Uhr,
Sonntag 10.00 – 18.00 Uhr

Bakers & Roasters

BAKERS & ROASTERS

Eine gewisse Gelassenheit mit Qualität kombinieren, genau das haben die Macher von Bakers & Roasters verstanden und wunderbar umgesetzt: lässige Einrichtung in einem Mix aus alten und modernen Elementen, ein entspanntes Team und eine Karte mit Lieblingsgerichten moderner Nomaden.

Das Konzept stammt von einem Neuseeländer und einem Brasilianer. Sie wollten das zusammenbringen, was sie selbst in so vielen Cafés vermissen: Mamas Küche, ihr Lieblings-Streetfood und den ultimativen Kaffee. Daraus entstand schnell die Grundidee, die von allen sofort angenommen wurde, so dass nach kurzer Zeit eine zweite Filiale folgte.

Auf der Karte steht quasi alles drauf, was wir gerne essen, so dass wir gar nicht wissen, wo man anfangen soll: Der Zitronenkuchen mit Mohn oder das Bananabread, die Pancakes oder Eggs Florentine? Am Wochenende gibt es natürlich Brunch, zum Lunch ungewöhnliche Salate oder Sandwiches, Kuchen, die man liebt, sowie Kaffee in allen Variationen. Natürlich fehlen auch der Matcha-Tee und die Juices nicht.

Die offene Küche, in der alles frisch zubereitet wird, die extrem freundliche Atmosphäre und das globale Flair lassen sofort ein herrliches Feriengefühl aufkommen.

---

9 Bakers & Roasters   Adresse: Eerste Jacob van Campenstraat 54
Tel: 0031 (0) 20 7722627   Öffnungszeiten: Täglich 8.30 – 16.00 Uhr

LEMON
PISTACHIO
LOAF 4

CAFÉ
GEORGE
Amsterdam

CAFÉ GEORGE

An der Bar vom Café George kann man von gutem Champagner bis hin zu klassischen Drinks, wie einem Gimlet oder auch einer Bloody Mary, alles bestellen. Die Lage ist zentral, gleich um die Ecke von der Prinsengracht – also mitten im Herzen von Amsterdam. Die Atmosphäre changiert zwischen lässigem Understatement und urbanem Schick. Egal ob direkt an der Bar oder an den kleinen Tischen, hier kann man sich einfach entspannt unterhalten und einen Aperitif oder einen Absacker genießen. Im Café George spürt man die für Amsterdam einzigartige Atmosphäre zwischen Großstadt und cosy neighborhood – ein bisschen New York/Paris und ein wenig Next-Door-Bar.

Zwischen 11 und 23 Uhr gibt es hier Frühstück, Lunch oder Dinner, die Bar passt zu jeder Tageszeit. Selber beschreiben sie sich als New York Style French Brasserie und meinen damit das New Yorker meets district Flair à la „Pastis", was mit den gekachelten Wänden und den kleinen weiß gedeckten Tischdecken unterstützt wird. Das Angebot ist entsprechend: French Toast, Clubsandwich, Burger oder verschiedene Risottos oder Pastas. Urbanes Convenience Food in einer gehobenen Qualität. Eine gemütliche, aber auch trendige Großstadtbar, einfach perfekt.

10 Café George Adresse: Leidsegracht 84 Tel: 0031 (0) 20 6260802 Internet: www.cafegeorge.nl Öffnungszeiten: Montag – Freitag 11.00 – 1.00 Uhr, Samstag – Sonntag 11.00 – 3.00 Uhr, Küche bis 23.00 Uhr

☞ Hiding in Plain Sight

Im nördlichen Teil der Innenstadt kann man in einer schönen Neighbourhood Bar einen Aperitif genießen. Diese persönlich geführte Bar ist an einer Ecke gelegen, mit einem eher klassischen Interieur. Der perfekte Ort um nach einem langen Tag in der Stadt zu relaxen, bei einem Drink seine Gedanken schweifen zu lassen. Die Atmosphäre ist herrlich unaufgeregt und die Barkeeper verstehen ihr Geschäft, einfach gute Cocktails zu mixen.

Donnerstags gibt es Live Musik, aber nicht nur dafür lohnt ein Blick auf die Internetseite, sondern weil die Betreiber der Bar einen Sinn für ausgefallene Events haben.

Adresse: Rapenburg 18
Tel: 0031 (o) 6 25293620, Internet: www.hpsamsterdam.com
Öffnungszeiten: Sonntag – Donnerstag 18.00 – 1.00 Uhr, Freitag und Samstag 18.00 – 3.00 Uhr

NOORDERMARKT

Ohne Zweifel der perfekte Ort, um köstliche kleine Souvenirs zu sammeln. Jeden Samstag bieten auf dem Platz vor der Noorderkerk mitten im Jordaan etwa 50 Händler ihre Bio-Produkte an. Hier pilgern gern auch ehemalige Amsterdamer aus den langweiligeren Außenbezirken her, um weiterhin den guten Käse, die großartigen Heringe, das Brot, die frischen Kräuter oder den ganz besonderen Honig zu kaufen – und stellen sich begeistert in die Schlange vor der Kult-Metzgerei Louman, um Freunde, Verwandte und Bekannte zu treffen. Das Treiben ist bunt und gelassen; rund um den Platz sitzen Leute in Wochenendstimmung in den kleinen Cafés beim „Koffie verkeert", essen Appeltaart oder haben beim Einkaufen Heringe in der Hand. Nach Genuss eines Herings von diesem Markt steht Ihnen vermutlich hartnäckige Abhängigkeit ins Haus. Wir empfehlen, das Risiko auf jeden Fall einzugehen.

11 Noordermarkt   Adresse: Noordermarkt Amsterdam
Internet: www.noordermarkt-amsterdam.nl
Öffnungszeiten: Montag 9.00 – 14.00 Uhr, Samstag 9.00 – 17.00 Uhr

☞ Café Winkel

Hier zahlt es sich aus, früh aufzustehen, am besten befinden Sie sich schon etwa um 9.00 Uhr vor Ort. Weil die Appeltaart so heiß begehrt ist, steht man ab 10.00 Uhr stramm Schlange, während von der Theke ununterbrochen riesige Stücke warmen Apfelkuchens ausgegeben werden. Der rustikale Laden ist recht klein und Sie sitzen eng gedrängt am großen Tisch – unter Umständen mit der Katze des Hauses, die noch nicht ausgeschlafen hat und nicht daran denkt, den begehrten Stuhl zu räumen. Die meisten Plätze befinden sich aber draußen und bei schönem Wetter haben Sie dort Sonnenschein mit herrlichem Blick auf das Markttreiben.

Adresse: Noordermarkt 43
Tel: 0031 (0) 20 6230223, Internet: www.winkel43.nl
Öffnungszeiten: Montag 7.00 – 1.00 Uhr, Dienstag – Donnerstag 8.00 – 1.00 Uhr, Freitag 8.00 – 3.00 Uhr, Samstag 7.00 – 3.00 Uhr, Sonntag 10.00 – 1.00 Uhr

SMART
TRAVELLING

Amsterdam ist groß, darum ist dieser Infoteil so klein. Hier erfahren Sie nicht alles und jedes, sondern genau das, was Sie für ein perfektes Wochenende brauchen. Wenige, aber genau die richtigen Informationen: Wissenswertes über die Amsterdamer Lebensart, eine kleine subjektive Auswahl an Sehenswürdigkeiten, Spaziergängen und Tipps für Unternehmungen am Sonntag. Dazu einen Stadtplan mit all unseren Lieblingsadressen, damit Sie nicht lange suchen müssen, sondern gleich anfangen können Amsterdam zu genießen.

DIE KUNST

Rijksmuseum – Reichsmuseum
Das Reichsmuseum ist das größte Museum der Niederlande. Es residiert in einem monumentalen Bau des Architekten Petrus J.H. Cuypers, der nach neunjähriger Bauzeit gegen Ende des 19. Jahrhunderts fertiggestellt wurde. Der Schwerpunkt der Kunstsammlung liegt bei den Repräsentanten der niederländischen Malerei. Die etwa 400 interessantesten Werke aus dem 17. Jahrhundert, dem „Goldenen Zeitalter", darunter kostbare Werke von Jan Vermeer,

Jan Steen und Frans Hals, können Sie hier bewundern und die 20 zum Teil weltberühmten Gemälde von Rembrandt van Rijn, allen voran die Nachtwache, das Bild, bei dem ihm einfach alles perfekt gelang.

Museumplein/Museumstraat 1
Tel: 0031 (0) 20 6747000
www.rijksmuseum.nl
Täglich 9.00 – 17.00 Uhr
(365 Tage im Jahr)

Van Gogh Museum
Das von Gerrit Rietfeld entworfene Museum ist ein schlichter, kubischer Bau, der 1973 eröffnet wurde. Als Vincent van Gogh 1890 mit 37 Jahren starb, hinterließ er mit etwa 900 Gemälden und 1100 Zeichnungen ein umfangreiches Werk. Davon können Sie mehr als 200 Gemälde und 524 Zeichnungen und Aquarelle in diesem weitläufigen, lichtdurchfluteten Gebäude bewundern. Außerdem wird hier der gesamte Briefwechsel Vincents mit seinem Bruder Theo aufbewahrt. Neben den Werken van Goghs wird die Sammlung durch Arbeiten von ihm verehrter Zeitgenossen kontinuierlich erweitert, sodass das Museum heute neben vielen anderen auch Werke von Courbet, Manet, Pissarro und Signac besitzt.

Museumplein 6
Tel: 0031 (0) 20 5705200
www.vangoghmuseum.nl
Täglich 9.00 – 18.00 Uhr, Freitag bis 22.00 Uhr

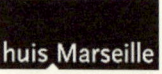

Huis Marseille – Museum
für Fotografie
In einem historischen Grachtenhaus aus dem 17. Jahrhundert befindet sich das Museum, dessen Ausstellungsschwerpunkt die Gegenwartsfotografie ist. Neben der Dauerausstellung werden alle drei Monate temporäre Fotografie-Ausstellungen angeboten. Das Haus beherbergt auch eine sehr schöne Bibliothek mit Fotografiebüchern.

Keizersgracht 401
Tel: 0031 (0) 20 5318989
www.huismarseille.nl
Dienstag – Sonntag 11.00 – 18.00 Uhr

foam

 eye

Foam Fotografiemuseum

Die Ausstellungen im Foam sind ein Gesamtkunstwerk der Kuratie. Die Fotos werden nicht nur gehängt, sie werden richtiggehend in Szene gesetzt. Und dabei ist es den Machern wichtig, auf jedes Detail wie passende Wandfarbe und Interieur zu achten. Daher sieht man nicht nur die Fotos, sondern eine ganze Geschichte.

Im Foam wechseln die Ausstellungen ständig, teilweise thematisch geordnet, teilweise personenbezogen. Das historische Gebäude liegt sehr zentral an der Keizersgracht und ist leicht zu erreichen. Nach den Ausstellungen lohnt ein Besuch im museumseigenen Shop.

Keizersgracht 609
Tel: 0031 (0) 20 5516500
www.foam.org
Samstag–Mittwoch 10.00–18.00 Uhr,
Donnerstag–Freitag 10.00–21.00 Uhr

Eye Museum

Die Architektur alleine ist es wert, das Eye Museum zu besuchen. Im boomenden Norden von Amsterdam thront das Filmmuseum seit 2012 im Neubau direkt am Wasser auf dem alten Shell-Gelände. Nicht nur von draußen nimmt man es mit der Moderne ernst, auch die Ausstellungsgestalter nutzen modernste Präsentationstechniken. Der Einsatz der Screens ist beeindruckend, teilweise laufen hier mehrere Filme parallel. Daraus ergeben sich völlig neue, andere Zusammenhänge. Das Museum archiviert nicht nur, sondern hat den Anspruch, seine Exponate in einen eigenen Zusammenhang zu setzten.

Im Archiv des Museums befinden sich über 46 000 Filme, 35 000 Filmplakate und um die 450 000 Fotografien – größtenteils aus holländischen Beständen.

IJpromenade 1
Tel: 0031 (0) 20 5891400
www.eyefilm.nl
Täglich 10.00 - 19.00 Uhr

NEMO Science Center

Kinder lieben es. Das Gebäude des Wissenschaftsmuseums NEMO, das der italienische Architekt Renzo Piano entworfen hat, erinnert an ein großes, grünes Schiff, das vor Anker liegt. Hier wird Besuchern aller Altersgruppen spielerisch Zugang zur Welt der Technologie, Kommunikation, Energie und Wissenschaft ermöglicht. Dabei sollen Sie selbst aktiv mitmachen bei Computerspielen und Experimenten. Das Dach ist öffentlich zugänglich, im Sommer kann man dort picknicken und hat eine großartige Aussicht über die Stadt.

Oosterdok 2
Tel: 0031 (0) 20 5313233
www.e-nemo.nl
Dienstag–Sonntag 10.00–17.30 Uhr
Mai bis August auch am Montag geöffnet

Anne Frank Huis

Vor der Tür des ehemaligen Verstecks der Anne Frank, dem Ort, an dem sie ihr in mittlerweile 55 Sprachen übersetztes Tagebuch schrieb, stehen regelmäßig lange Schlangen von Besuchern. Die Authentizität der Räume des Hinterhauses, die dem Mädchen und seiner Familie als Versteck dienten, wurde erhalten, um einen Eindruck von der Atmosphäre zu bekommen und sich in die Situation der Versteckten hineinversetzen zu können. Zu sehen sind neben dem Original-Tagebuch auch viele andere Dinge des täglichen Lebens der Familie.

Prinsengracht 263–267
Tel: 0031 (0) 20 5567105
www.annefrank.org
November – März:
Täglich 9.00 – 19.00 Uhr,
Samstag bis 21.00 Uhr
April – Oktober:
Täglich 9.00 – 22.00 Uhr

Nieuwe Kerk

Der Bau der spätgotischen Kirche begann im 15. Jahrhundert, als die Stadt aus ihrer ersten Befestigungsanlage platzte und die „Oude Kerk" zu klein geworden war. Sie wurde durch einige schwere Brände beschädigt und stand nach der Reformation eine Weile leer. Der Turmbau wurde aus politischen Gründen verhindert und nie, trotz Fundament, durchgeführt. Eindrucksvoll sind die Kanzel, die große Orgel und das nördliche Fenster aus dem 17. Jahrhundert. Beatrix wurde hier gekrönt und Willem hat Maxima hier geheiratet, Gottesdienste finden jedoch nur noch selten statt. Vielmehr werden wechselnde Ausstellungen gezeigt und Konzerte gegeben.

Dam Square
Tel: 0031 (0) 20 6386909
www.nieuwekerk.nl
Täglich 10.00 – 17.00 Uhr

Oude Kerk

Mitten im Rotlichtdistrikt liegt die älteste Kirche Amsterdams. In den Anfängen als kleine Kreuzkirche um 1306 eingeweiht, wurde sie in den darauffolgenden zwei Jahrhunderten zunächst zur gotischen Hallenkirche und im frühen 16. Jahrhundert zur Basilika weiter ausgebaut. Im Turm, der auch bestiegen werden kann, hängt ein Glockenspiel, das als eines der schönsten des Landes bezeichnet wird. Sehenswert sind auch die wunderschönen Renaissance-Glasfenster. 1642 wurde Rembrandts Frau Saskia hier in der Nähe der kleinen Orgel begraben.

Oudekerksplein 23
Tel: 0031 (0) 20 6258284
www.oudekerk.nl
Montag – Samstag 10.00 – 18.00 Uhr
Sonntag 13.00 – 17.30 Uhr

ARCHITEKTUR

ARCAM

Das ARCAM ist das Mekka für Architekturinteressierte in Amsterdam. Dort finden Sie Tour-Pläne, die per Straßenbahn oder vom Boot aus an Gebäude-Highlights entlangführen, es werden persönliche Touren ausgearbeitet oder Kontakt zu Experten hergestellt. Dazu lohnt sich ein Besuch der wechselnden Ausstellungen, die von Öko-Architektur zu neuem Bauen in Indien reichen, ein Blick auf das große Angebot an Büchern, Zeitschriften und Karten – und auf das futuristische Gebäude selbst, das René van Zuuk entwarf.

Prins Hendrikkade 600
Tel: 0031 (0) 20 6204878
www.arcam.nl
Dienstag–Sonntag 13.00–17.00 Uhr

Beurs van Berlage

Die Beurs van Berlage, das ehemalige Gebäude der Amsterdamer Börse, wurde Ende des 19. Jahrhunderts nach Plänen des niederländischen Architekten Henrik Petrus Berlage erbaut. Jenseits einer stilistischen Einordnung wird die Börse als Beginn des neuen Bauens in den Niederlanden betrachtet, aus dem sich unter anderem die „Amsterdamer Schule" entwickelte und zum Kulturdenkmal der Niederlande ausgerufen wurde. Während früher in dem einzigartigen Bau der niederländische Handel florierte, finden heute neben Cafébetrieb laufend Kongresse, Vorträge, Workshops, Versammlungen und Ausstellungen in Sachen Kultur und Kunst statt.

Damrak 243
Tel: 0031 (0) 20 5304141
www.beursvanberlage.nl
Café: Montag – Samstag
10.00 – 18.00 Uhr,
Sonntag 11.00 – 18.00 Uhr

GALERIEN

Im Spiegelviertel, zwischen Rijksmuseum und Herengracht rund um die Nieuwe Spiegelstraat, befinden sich viele renommierte Galerien und Antiquitätengeschäfte.

Fons Welters

Mit dem Anspruch, jungen Künstlern ganz am Anfang ihrer Karriere ein Forum zu bieten, spricht diese Galerie mit dem unverwechselbaren Polyester-Entree ein interessantes Publikum an. Gezeigt wird in wechselnden Ausstellungen zeitgenössische, internationale Kunst.

Bloemstraat 140
Tel: 0031 (0) 20 4233046

www.fonswelters.nl
Dienstag–Samstag 13.00–18.00 Uhr

bis 21.00 Uhr, Samstag und Sonntag
bis 18.00 Uhr

Foam Fotografiemuseum

Von Dokumentarfotografie zu Mode, von historischen Bildern zu digitaler Kunst: das Fotografiemuseum hat ein großes Angebot. In Ausstellungen werden Arbeiten von Star-Fotografen wie Helen Levitt oder Richard Avedon gezeigt, aber auch Themenausstellungen wie „New Yorker Fotografen entdecken Amsterdam". Nach der Bilderflut kann man sich im hauseigenen Café mit Apfelkuchen und anderen Kleinigkeiten stärken.

Keizersgracht 609
Tel: 0031 (0) 20 5516500
www.foam.nl
Täglich 10.00–18.00 Uhr,
Donnerstag und Freitag bis 21.00 Uhr
Café: Montag – Mittwoch 10.00 –
18.00 Uhr, Donnerstag und Freitag

Vous êtes ici

Die Mischung der Amsterdamer Galeristen stimmt. Einerseits zeigen Francis Boeske und Hans Gieles kleine Editionen und Multiple, und auf der anderen Seite junge holländische Kunst – Malereien von Tim Ayres, Projektionen von Robert Barry, fotografierte Installationen von Scarlett Hooft Graafland. Die Galerie ist ein Ort, an dem es immer wieder etwas zu entdecken gibt. Denn Vous êtes ici liegt direkt im Amsterdamer Galerienkomplex an der Lijnbaansgracht.

Ms. van Riemsdijkweg 41A
Tel: 0031 (0) 20 6127979
Mittwoch–Samstag 12.00–
18.00 Uhr und auf Anfrage

ANTIQUITÄTEN

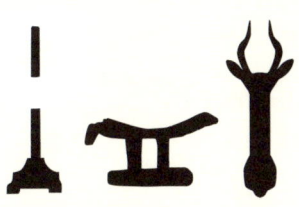

F.G. Lebbing

Dieser schöne Eckladen mit außergewöhnlichen, mit viel Gefühl ausgesuchten Antiquitäten bildet den Anfang von Amsterdams Antiquitätenmeile, in der sich ein Antikladen an den anderen reiht.

Prinsengracht 807 / Nieuwe
Spiegelstraat
Tel: 0031 (0) 20 6241253
Freitag–Samstag 11.00–17.00 Uhr

De Weldaad

Alte, antike Bauelemente und historische Wohnaccessoires aus Frankreich und Gesamtbenelux sind hier sehr liebevoll zusammengestellt und in dem kleinen Eckladen dekorativ arrangiert.

Reestraat 1
Tel: 0031 (0) 20 6270077

www.weldaad.com
Dienstag–Samstag 11.00–18.00 Uhr

Vincent Nelis

Direkt gegenüber dem College Hotel liegt dieser kleine ungewöhnliche Laden mit seiner üppigen Sammlung an antiken Tier-Präparaten. Ein Muss für Liebhaber.

Roelof Hartstraat 30
Tel: 0031 (0) 6 29077334
www.nelisantiques.com
Donnerstag–Samstag 11.00–
17.00 Uhr und nach Vereinbarung

DESIGN SHOPS

droog

Droog Design

Hier im Showroom werden Möbel und Wohn-Accessoires der niederländischen Designgruppe Droog verkauft. 1993 gegründet, werden die witzigen und innovativen Objekte international vertrieben. Droog Design steht für Humor und kongeniales Design – viele Objekte sind aus

der Designgeschichte nicht mehr wegzudenken. So produzierte Marcel Wanders den bekannten „Knotted Chair" 1996 für Droog Design.

Staalstraat 7a/7b
Tel: 0031 (0) 20 5235056
www.droog.com
täglich 09.00 – 19.00 Uhr

Frozen Fountain
Ein absolutes Muss für alle Kreativen und Designfreaks. Geführt wird dieser coole Möbelladen von Dick Dankert und Cok de Rooij. Diese zwei alten Hasen präsentieren mit Leidenschaft wechselnde Programme mit limitierten Editionen in ihren Ausstellungen. Es gibt viele besondere Einzelstücke und exklusive Serien in den Bereichen Porzellan, Textildesign, Möbel und Wohnaccessoires.

Prinsengracht 645
Tel: 0031 (0)20 6229375
www.frozenfountain.nl
Montag 13.00 – 18.00 Uhr,
Dienstag – Samstag 10.00 – 18.00 Uhr,
Sonntag 12.00 – 17.00 Uhr

the frozen fountain

VINTAGE UND RETROSTORES

Bebob
Seit fünfzehn Jahren verkauft Bebob Designklassiker im Möbel- und Wohnaccessoire-Bereich in vielfältiger Auswahl – eine Fundgrube für Sammler und Freunde des Stöberns.

Herenstraat 8
Tel: 0031 (0)20 6245763
www.bebob.eu
Freitag 12.00 – 18.00 Uhr und nach Vereinbarung

KNSM-LAAN

In den Eastern Docklands herrscht Aufbruchstimmung. Überwiegend avantgardistische Projekte bestimmen das Bild – die Location ist absolut cool.

Pol's Potten
Pol's Potten ist der Laden für anspruchsvolles kommerzielles Interior-Design. Im Angebot ist ein bunter Mix aus original China-Keramik,

innovativen Designobjekten und bekannten Marken. Von der Kanne über den Messbecher zum Stuhl und Lampen findet sich fast alles, was Wohnen schöner macht.

KNSM-Laan 39
Tel: 0031 (0) 20 4193541
www.polspotten.nl
Dienstag–Samstag 10.00–18.00 Uhr,
Sonntag 12.00–17.00 Uhr

LLOYDHOTEL

Lloyd Hotel
(Siehe S. 22)

Keet in Huis
In diesem originellen, trendigen und recht geräumigen Kinderladen finden Sie alles Schöne, Praktische und Verrückte, was man sich für 0- bis 10-Jährige nur vorstellen kann. Auch für Erwachsene ein Paradies.

KNSM-Laan 297
Tel: 0031 (0) 20 4195958
Dienstag–Samstag 10.00–18.00 Uhr,
Sonntag 12.00–17.00 Uhr

Fifteen
Das Fifteen ist Jamie Olivers Ableger in Amsterdam. Das Restaurant arbeitet wie sein Vorbild in London mit 15–20 arbeitslosen Jugendlichen zwischen 18 und 24 Jahren, die gern kochen. Außer dem Restaurant gibt es auch eine Trattoria und eine Lounge mit gemütlichen Sesseln. Die Küche ist modern italienisch und das Ambiente lässig entspannt.

Jollemanhof 9
Tel: 0031 (0) 20 5095015
www.fifteen.nl
Restaurant:
Montag – Freitag 9.00 – 24.00 Uhr,
Samstag und Sonntag 17.30 –
24.00 Uhr
Lunch: 12.00 – 15.00 Uhr
Dinner: 17.30 – 24.00 Uhr
jeden dritten Sonntag im Monat
Kindernachmittag 16.00–18.00 Uhr

Noordermarkt

Der Flohmarkt am Noordermarkt hat ein angenehm überschaubares Angebot an Secondhand-Kleidung, Schuhen, Schmuck und Möbeln. Nette Lage an der Noorderkerk mit gemütlichen Cafés, wo Amsterdam noch unter sich ist.

Noordermarkt

Montag 9.00 – 14.00 Uhr,
und Samstag 9.00 – 17.00 Uhr

De Looier

Dieser Antikmarkt ist überdacht und hält von Krimskrams über Schmuck, Besteck und Möbel auch Antiquitäten bereit.

Elandsgracht 109

Tel: 0031 (0) 20 6249038
Montag – Freitag 11.00 – 18.00 Uhr,
Samstag und Sonntag 11.00 – 17.00 Uhr

Albert Cuypmarkt

Dieser riesengroße Markt erfreut sich nicht nur bei Touristen größter Beliebtheit. Das Amsterdamer Multi-Kulti-Publikum findet auf diesem Multi-Kulti-Markt neben Lebensmitteln und Blumen fast alles – von indischer Seide über norwegische Pu-schen bis zu afrikanischem Haargel. An etwa 400 Ständen bieten Händler Waren aus aller Welt an.

Albert Cuypstraat

Tel: 0031 (0) 20 6937117
www.albertcuypmarkt.nl
Montag – Samstag 9.00 – 17.00 Uhr

Singel Bloemenmarkt

Der schwimmende Blumenmarkt ist fast 150 Jahre alt und bietet alles, was man sich im Bereich Blumen, Samen und Zwiebeln so vorstellen kann. Neben der holländischen Tulpe schwimmen noch viele exotische Kollegen, sehen wunderschön aus und riechen meist auch gut.

Koningsplein – Singel 610 – 616

Montag – Samstag 9.00 – 17.30 Uhr,
Sonntag 11.00 – 17.30 Uhr

DO SOMETHING YOU HAVE NEVER DONE BEFORE

Mit dem Fahrrad durch Amsterdam fahren

Das komplett glückliche Amsterdam-Gefühl stellt sich ein, wenn Sie sich nicht mehr von den Einheimischen unterscheiden und die Stadt auf dem Rad erobern. Das ist schon deshalb so großartig, weil Amsterdam nur für dieses Verkehrsmittel angelegt zu sein scheint. Autos sind seltene Fremdkörper und bewegen sich gottlob eher zögernd und tastend durch die Straßen. Zudem ist die Weitläufigkeit begrenzt. Ganz Amsterdam ist ohne jeden großen Aufwand mit dem Rad zu durchqueren und umrunden. Lassen Sie sich die gute Luft um die Nase wehen und genießen Sie die hinreißende Grachtenlandschaft – jede Brücke belohnt Sie mit einem einzigartig schönen Blick.

MacBike – Fahrradverleih
Ab 9,50 Euro können Sie sich für 24 Stunden ein Rad mieten.
Nieuwe Uilenburgerstraat 116, Waterlooplein
Weteringschans 2, Leidseplein
Stationsplein 5, Centraal Station
Tel: 0031 (0) 20 6200985, www.macbike.nl
Täglich 9.00 – 17.45 Uhr

Oger

Oger ist der Maßschneider für die prominenten und/oder erfolgreichen Herren Amsterdams mit hohem Anspruch an die Businesskleidung und den Kundenservice.

P.C. Hooftstraat 75–81
Tel: 0031 (0) 20 6768695
www.oger.nl
Montag 12.00–18.30 Uhr,
Dienstag, Mittwoch und Freitag
9.30–18.30 Uhr,
Donnerstag 9.30–21.00 Uhr,
Samstag und Sonntag 9.00–
18.00 Uhr

Shoebaloo

Der Laden hat einen ausgesucht spacigen Look und bietet von Turnschuhen bis zu verspielten extravaganten Kreationen alles an Designerschuhen.

P.C. Hooftstraat 80
Tel: 0031 (0) 20 6712210
www.shoebaloo.nl
Montag und Sonntag
12.00 – 18.00 Uhr,
Dienstag – Samstag 10.00 – 18.00 Uhr,
Donnerstag bis 21.00 Uhr

Luuks & 66 Avenue

Luuks hat ein modernes, vielseitiges Schuhsortiment bekannter Designer mit einer guten Mischung von High Heels bis Biker Boots.

2011 hat die charmante Besitzerin in unmittelbarer Nachbarschaft den Fashion-Store 66 Avenue eröffnet mit ausgesuchten Labels wie Vanessa Bruno, shine oder Gold Sign, die man sonst nirgends in Amsterdam bekommt.

Luuks

Jacob Obrechtstraat 12
Tel: 0031 (0) 20 6704538
www.luuks.nl
Dienstag–Samstag 11.00–18.00 Uhr,
Montag 13.00 – 18.00 Uhr

66 Avenue

Willemsparkweg 66
Tel: 0031 (0) 20 6706455
Dienstag–Samstag 11.00–18.00 Uhr

Café & Deli George

Das George bringt New Yorker Pastis-Feeling nach Amsterdam. Eine gute Adresse für Comfort-Food von morgens bis abends. Hier kann man wunderbar eine Shoppingpause einlegen und sich mit einem herrlich frischen Avocado-Chicken-Sandwich stärken.

Willemsparkweg 74
Tel: 0031 (0) 20 4702530
www.cafegeorge.nl
Täglich 11.00–23.00 Uhr
Deli: Täglich 11.00–18.00 Uhr

GRACHTENSHOPPING

Young Designers United

Ein von jungen in Amsterdam lebenden Designern enthusiastisch geführter Modeladen. Die teilweise erstaunlich professionellen Kollektionen sind zu fairen Preisen zu haben. Es ist interessant, einfach mal reinzuschauen.

Keizersgracht 447
Tel: 0031 (0) 20 6269191
www.ydu.nl
Montag 13.00–18.00 Uhr,

Dienstag–Samstag 10.00–18.00 Uhr,
Donnerstag 10.00–20.00 Uhr

Local Service

Sowohl Herren- als auch Damenmode finden in einander gegenüberliegenden Eckläden ihren Bereich. Angeboten wird hauptsächlich Paul Smith und andere auch etwas günstigere Labels mit ähnlicher Aussage. Die Atmosphäre ist sympathisch und die Beratung nett.

Keizersgracht 400
Tel: 0031 (0) 20 6266840
Sonntag–Montag 13.00–17.30 Uhr,
Dienstag, Mittwoch und Samstag 10.00–17.30 Uhr,
Donnerstag 10.00–18.30 Uhr,
Freitag 10.00–18.00 Uhr

Van Ravenstein

Belgische und niederländische Designer unter einem Dach. Am Samstag ist der „second season"-Shop im Keller geöffnet.

Keizersgracht 359

Tel: 0031 (0) 20 6390067

www.van-ravenstein.nl

Montag 13.00 – 18.00 Uhr,

Dienstag – Freitag 11.00 – 18.00 Uhr

Samstag 10.30 – 17.30 Uhr

Bloom

Politisch korrekt hergestellte und wunderschöne Nachthemden, Kissen und Bettwäsche sowie Hemden findet man in diesem Laden, der ein Frauen-Dorfprojekt in Indien unterstützt. Den Kollektionen haftet nichts Kunsthandwerkliches oder Alternatives an, sondern sie sind mit indischer Handschrift sehr anspruchsvoll gefertigt. Ein schönes Beispiel dafür, wie moderne Entwicklungshilfe aussehen kann.

Prinsengracht 272

Tel: 0031 (0) 20 3201176

www.bloomprints.nl

Montag 13.00 – 18.00 Uhr,

Dienstag – Samstag 11.00 – 18.00 Uhr,

Sonntag 13.00 – 18.00 (April – September und Dezember)

WEITERE SHOPPING-ADRESSEN

Skins Cosmetics Lounge

Lieblingsprodukte aus der ganzen Welt werden in dem Laden für Kosmetik in Amsterdam klar und übersichtlich präsentiert. Die kompetente freundliche Beratung erleichtert die Wahl. Um ganz intensiv einzusteigen, sollte man sich im Kosmetiksalon verwöhnen lassen.

Runstraat 11

Tel: 0031 (0) 20 240 0199

www.skins.nl

Montag – Freitag 11.00 – 19.00 Uhr,

Samstag 10.00 – 18.00 Uhr,

Sonntag 12.00 – 17.00 Uhr

Margriet Nannings

Eine beeindruckende Auswahl aktueller Mode im mittleren bis höheren Preisbereich bietet Margriet Nannings an. Es gibt drei Geschäfte, die sich in Männer-, Frauen- und Outlet-Store aufteilen und alle in der gleichen Straße in unmittelbarer Nachbarschaft zueinander liegen.

Prinsenstraat 6, 8, 15
Tel: 0031 (0) 20 6203413
www.margrietnannings.com

Montag 13.00–18.00 Uhr, Dienstag–
Samstag 10.30–18.00 Uhr, Donnerstag bis 20.00 Uhr

BEST OF DELIS

Croissants

Die besten Croissants der Stadt gibt es
bei Gebr. Niemeijer. Köstlich sind die
Rosinenbrötchen mit Gruyere.

Gebr. Niemeijer
Nieuwendijk 35
Tel: 0031 (0) 20 7076752
www.gebroedersniemeijer.nl
Dienstag–Freitag 8.15–17.30 Uhr,
Samstag 8.30–17.00 Uhr,
Sonntag 9.00–17.00 Uhr

Tartes

Köstliche Tartes gibt es in der Patisserie Chocolaterie Pompadour.

Chocolaterie Patisserie Pompadour
Huidenstraat 12
Tel: 0031 (0) 20 6239554
www.pompadour-amsterdam.nl
Montag – Freitag 10.00 – 18.00 Uhr,
Samstag 9.00 – 18.00 Uhr,
Sonntag 12.00 – 18.00 Uhr

Fruchttrüffel

Jeder Fruchttrüffel von hier ist ein Gesamtkunstwerk. Man braucht nicht viele,
denn sie sind ziemlich riesig. Unbedingt
Rhabarber und Cranberry probieren!

Puccini Bomboni
Staalstraat 17
Tel: 0031 (0) 20 6265474
www.puccinibomboni.com
Montag 12.00–18.00 Uhr,
Dienstag–Samstag 9.00–18.00 Uhr,
Sonntag 12.00–18.00 Uhr

Waffeln

Unvergessliche, noch ofenwarme Ho-
nigwaffeln bei Bakkerij Lanskroon.

Bakkerij Lanskroon
Singel 385
Tel: 0031 (0) 20 6237743
www.lanskroon.nl
Montag–Freitag 8.00–18.00 Uhr,
Samstag 9.00–18.00 Uhr,
Sonntag 10.00–18.00 Uhr
Im Sommer bis 19.00 Uhr

Apfelkuchen
Den besten Apfelkuchen gibt es mit Rosinen im Winkel.
Café Winkel (Siehe S. 87)

Ohne Rosinen in der Villa Zeezicht.
Villa Zeezicht
Torensteeg 7
Tel: 0031 (0) 20 6267433

Sticky Toffee Cake
mit Suchtpotential von Odette
Buffet van Odette (Siehe S. 63)

Hering
Göttlich milde zarte Heringe am besten bei P. Bond & Zonen am Samstag auf dem Noordermarkt an der Lindengracht (Siehe S. 83).

Käse
Riesige Stapel von Gouda-Rädern bis vor die Tür lassen es ahnen. Hier gibt es Käse aus aller Welt in allen Varianten, Größen und in jedem Alter.

De Kaaskamer
Runstraat 7
Tel: 0031 (0) 20 6233483
www.kaaskamer.nl
Montag 12.00–18.00 Uhr,
Dienstag–Freitag 9.00–18.00 Uhr,
Samstag 9.00–17.00 Uhr, Sonntag
12.00–17.00 Uhr

Burger
Gourmet-Burger mit Fleisch von lokalen Erzeugern und Brot zu fairen Preisen. Burgermeester-Klassiker sind der Meester Biefburger mit gegrilltem Gemüse und Dragonmayo und der Biefburger Royal mit getrüffeltem Ei und Pancetta.

Burgermeester
Elandsgracht 130
www.burgermeester.eu
Täglich 12.00–23.00 Uhr

Brot

Preisgekröntes Dinkelvollkornbrot und um die Weihnachtszeit Oliebollen hat die alteingesessene Amsterdamer Bäckerei Hartog.

Hartog's Volkoren
Wibautstraat 7
Tel: 0031 (0) 20 6651295
www.volkorenbrood.nl
Montag–Freitag 7.00–18.00 Uhr,
Samstag 7.00 – 17.00 Uhr

JUICEBROTHERS

Juice Brothers

Über Amsterdam verteilt kann man in den Genuss von cold pressed Juices kommen, denn Juice Brothers hat bereits einige Filialen eröffnet. Hier bekommt man kalt gepresste Säfte, die das vitaminschonende Verfahren nutzen, damit möglichst viel von der Kraft des Gemüses und der Früchte übrig bleibt. Wir lieben den Green Goddes für seine Power, können aber auch die Chocolate Mylk als „Engery Kick" empfehlen. Für das schnelle Aufladen gibt es auch Shots für jede Lebenslage und da empfehlen wir den Klassiker, den Ginger Shot. Unsere Lieblingsfiliale ist die in der Raamsteeg, dort ist es einfach am gemütlichsten.

Van Woustraat 151
Tel: 0031 (0) 20 3626492
Montag–Samstag 7.30–20.00 Uhr,
Sonntag 9.00 – 20.00 Uhr

Raamsteeg 2
Tel: 0031 (0) 20 4226796
Montag–Samstag 7.30–20.00 Uhr,
Sonntag 9.00 – 20.00 Uhr

Gustav Mahlerlaan 16
Tel: 0031 (0) 20 6617808
Montag–Freitag 7.30–22.00 Uhr,
Samstag 9.00 – 18.00 Uhr,
Sonntag 9.00 – 17.00 Uhr

Die Macher des Supperclub sind unermüdlich ideensprudelnd und warten laufend mit gastronomischen Neuheiten auf. Neben dem „Envy" und dem „Nomads" ist das aktuellste Projekt das „Vyne", eine Weinbar, die sehr edel gestylt ist und auf hohem Niveau Wein verkostet.

Supperclub

Mit dem Supperclub, den Bert van der Leden 1999 in Amsterdam eröffnet hat, wurde ein komplett einzigartiges Konzept erschaffen, das es nie zuvor gab. Zusammen mit Künstlern, Artisten, Musikern, Designern und Werbeleuten ist das Programm in einem konstant progressiven Zustand. Mittlerweile gibt es viele Kopien dieser Dinner-Performance-Party-Idee.

Singel 460
Tel: 0031 (0) 20 3446400
www.supperclub.com
Sonntag–Mittwoch 19.30–2.00 Uhr,
Donnerstag – Samstag19.30 – 5.00 Uhr

Envy

In minimalistischer, moderner Umgebung werden exquisite Produkte angeboten, die – in Kühlschränken ausgestellt – darauf warten gekostet zu werden. Eine eher kleine Mahlzeit zu bestellen, ist ebenso möglich wie ein komplettes Mahl.

Prinsengracht 381
Tel: 0031 (0) 20 3446407
www.envy.nl
Lunch: Freitag – Sonntag 12.00 –
15.00 Uhr
Dinner: Montag – Sonntag 18.00 –
1.00 Uhr
Küche geöffnet bis 23.00 Uhr

Vyne

Schicke Weinbar mit ausgesucht guten Weinen. Die Weinkarte umfasst 80 Weine per Glas und 300 per Flasche.

Prinsengracht 411
Tel: 0031 (0) 20 3446408
www.vyne.nl
Montag–Donnerstag 18.00–24.00 Uhr,
Freitag und Samstag 17.00–1.00 Uhr,
Sonntag 16.00–22.00 Uhr

Bloemendaal – Beachclubbing

Im Sommer ist es hier besonders schön. Sonntags kann man von Juni bis Oktober heftig Beachclub-Atmosphäre inhalieren oder einfach nur die Sonne, das Meer und den Strand genießen. Es ist fahrtechnisch leicht machbar – vom Amsterdamer Hauptbahnhof die Bahn zur Haarlem Station nehmen und dann in den Bus 81 steigen, um an der Haltestelle Bloemendaal aan Zee auszusteigen. Und ab in die Dünen.

Brouwerij t'IJ – kleiner Szenenwechsel

Ziemlich idyllisch direkt neben einer historischen Mühle sitzt die lokale Bierbrauerei t'IJ, die hier einen der wenigen Biergärten in Amsterdam betreibt. Ein sehr schönes Ziel für eine kleine Radtour.

Funenkade 7
Tel: 0031 (0) 20 2619801
www.brouwerijhetij.nl
Täglich 14.00 – 20.00 Uhr

Durgerdam – Deichradeln

Die Gegend nördlich von Amsterdam eignet sich besonders gut zum Fahrrad fahren. Sie heißt Waterland und ist seit Jahrhunderten kaum verändert. Die Polderlandschaft hat viele Wassergräben, Kanäle, Ziehbrücken, Mühlen und historische Dörfer. Zu den Perlen in diesem Gebiet gehört das entzückende Durgerdam, dort sitzt man im Café auf dem Deich und sieht herrlich viel Wasser und Himmel.

AMSTERDAM VON OBEN

Sie wollen Amsterdam bei Nacht und von oben genießen? Es gibt keinen schöneren Blick als vom 23. Stock des Okura Hotels im Süden der Stadt. In der stylisch loungigen Cocktailbar des japanischen Hotels trifft sich ein internationales Publikum zu perfekt gemixten Cocktail-Klassikern. Die besten Plätze direkt am Fenster sind zwar meistens schon belegt, aber das Warten auf die nächste freie Fensterbank lohnt sich.

Twenty Third Bar
Ferdinand Bolstraat 333

Tel: 0031 (0) 20 6787111
www.okura.nl
Sonntag – Donnerstag
18.00 – 1.00 Uhr, Freitag und
Samstag 18.00 – 2.00 Uhr

JOGGEN IM VONDELPARK

Hinter dem schmiedeeisernen Eingangstor am Leidseplein liegt der Vondelpark, die grüne Oase mitten im Herzen von Amsterdam. Am schönsten ist es, hier morgens zusammen mit den Einheimischen eine Joggingrunde zu drehen. Dabei weht einem nicht nur viel authentische Atmosphäre um die Nase, auch der Blick kann wandern. Am Wasser der Parkseen entlang, an Stadtvillen vorbei, zu den Yogis, die sich auf den Parkwiesen verbiegen und hinter den Skatern her, die durch den Park eilen. Nach 3,3 Kilometern ist man einmal um den Park herumgelaufen, kann eine zweite Runde drehen oder im charmanten Café-Restaurant 't Blauwe Theehuis direkt am See einen Kaffee nehmen.

Vondelpark 1
www.hetvondelpark.net

't Blauwe Theehuis
Vondelpark 5
Tel: 0031 (0) 20 6620254
www.blauwetheehuis.nl
Montag – Donnerstag 9.00 – 18.00 Uhr, Freitag – Sonntag 9.00 – 20.00 Uhr

---

BEKANNTE AMSTERDAMER

Cees Nooteboom (*1933)
Seit mehr als 20 Jahren lebt der 1933 in Den Haag geborene Schriftsteller in Amsterdam. Neben Harry Mulisch ist er Hollands bekanntester Schriftsteller. Reiseschriftsteller wird er

Marcel Wanders (*1963)

Der niederländische Designer gehört heute zu den Stars der Design-Szene. 1963 in Boxtel geboren, lebt er seit einigen Jahren begeistert in Amsterdam. Der Ruhm kam mit dem „Knotted Chair" für Droog Design und mittlerweile arbeitet Marcel Wanders für die bekanntesten europäischen Designhersteller wie B&B, Cappellini, Bisazza, Boffi und für Moooi (holländisch; heißt so viel wie „sehr schön"), dessen Art-Director und Teilhaber er auch ist. Zusammen mit Peter Lute etablierte er mit den ungewöhnlichen „Lute Suites" ein Hotel-Konzept besonderer Gastfreundschaft.

manchmal genannt, denn er hat wunderbare Bücher über das Unterwegssein geschrieben. Seine Helden sind alle immer auf Reisen. Er sagt von sich selbst, sein Leben bestehe „aus Reisen, Sehen und daraus, dies dann in Bildern auszudrücken". Sein 1955 erschienener erster Roman „Philip und die anderen", der 2003 neu übersetzt wurde, wird von vielen jungen Lesern geschätzt. Cees Nooteboom kommt von seinen Reisen gern immer wieder nach Amsterdam zurück.

AMSTERDAM IN FILMEN

Der Amsterdam-Film, der die Stadt in all seiner Besonderheit zeigt, scheint bisher noch nicht gedreht. Sicherlich auch, weil das holländische Kino nur selten in der europäischen Top-Liga spielt. Aber immer mal wieder finden sich spektakuläre Szenen in Hollywood-Blockbustern wie in „James Bond 007 – Diamantenfieber", in dem Sean Connery 1971 durch die Grachtenmetropole hetzt oder in „Ocean's Twelve", in dem es George Clooney's Meisterdiebe 2004 nach Amsterdam verschlägt. Wesentlich alberner geht es in „Deuce Bigalow: European Gigolo" (2005) mit Rob Schneider auf Freiersfüßen zu, wunderschön in „Das Mädchen mit dem Perlenohrring" (2003). Das 17. Jahrhundert zu Zeiten des Malers Vermeer ist nur in wenigen Bildern, aber dafür umso eindringlicher nachempfunden.

Tourist office:
De Ruyterkade 5, Leidseplein 1
Tel: 0031 (0) 20 5512525
Täglich 9.00–17.00 Uhr

City-Website:
www.iamsterdam.com

Telefonieren:
Niederlande: 0031
Amsterdam: (0) 20

Transport Flughafen:
Taxi von Schiphol zur Innenstadt:
30 min. / ca. 30 Euro

Taxiruf:
Tel: 0031 (0) 20 6777777

Fahrradverleih:
MacBike

Nieuwe Uilenburgerstraat 114,
Waterlooplein

Weteringschans 2, Leidseplein

Stationsplein 5, Centraal Station

Tel: 0031 (0) 20 620 09 85
www.macbike.nl
Täglich 9.00 – 17.45 Uhr

Stadtmagazin:
Uitkrant

MEIN PERFEKTES WOCHENENDE

Freitag:

_____

_____

_____

_____

_____

Samstag:

_____

_____

_____

_____

_____

Sonntag:

_____

_____

_____

_____

_____

NOTIZEN

NOTIZEN